Abrazos al Alma

Título del Libro: Abrazo al Alma

Diego Javier Alonso Vega

Abrazos al Alma

Dedicatoria:

Este libro es un torbellino de emociones, cada línea poética inspirada en los sueños que se tornan realidad siempre hallando una musa Hermosa que inspira cada rima, cada verso que es un abrazo al Alma de cada lector/a en especial a esa bella niña que inspire gran parte de este libro.

Con la misma intensidad el poeta no niega sus raíces románticas dando en cada poema todo el amor que yace en vuestra alma.

Sin perder la esperanza vuelve abrir el corazón al amor con la presencia libre de un ángel que le cambió la vida.

Tú marcas un antes y después en mi vida inmensamente agradecido.

Muchas Gracias por Existir Hermosa Dama

¡TE ADORO!!!!

Introducción

Con este libro suspirarán, volverán a creer en el Amor. Si eso que es tan necesario, que nos cambia y nos da alegrías, aprenderán el valor de este sentimiento tan hermoso, y sobre todo que muchas veces lo hallas en la persona que menos esperabas.

Verán el valor de amar libremente, como cambia la vida amar, da tanta alegría y denota un cambio desde la Mirada hasta el semblante.

Una muestra de que el amor es sanación que por medio de este hermoso sentir uno puede ser feliz y recuperar todo lo que creía perdido.

Es una invitación a abrir el corazón al amor, Amar sin medidas, a la Antigua con detalles y sobre todo a no dejar de amar y luchar por ese ¡AMOR!!!

Abrazos al Alma

Tabla de contenido

Abrazos al Alma

Abrazos al Alma

Avenida Sin Nombre

En la avenida sin nombre.
Allí dónde recuperé las ganas de vivir.
Ese sitio que estaba marcado por el destino.
Donde logré detener el momento y ser felices.
Esa calle que nunca olvidaré donde me fijé en tu mirada.
En la cual se cruzaban las sensaciones enamoradas del Alma.
Silencio que hacía que los corazones latieran intensos.
Envueltos en esos labios que me tentaron siempre.
Caí sin pensar en esa boca que me cautiva.
Como sin imaginarlo fui a encontrar en ti el amor.
Tu sonrisa es la maravilla más encantadora.
Se detuvo el tiempo cuando nos miramos fijamente.
Brillaban tus ojos como la luna.
Oír tu voz hizo que temblara de pasión.
No dejaría nunca de quererte.
Más tú eres el ángel que engalana mi ser

Olvidar ese sitio donde mis labios se unieron a los tuyos derrotando al dolor.

Naciendo un querer que no conoce de temores.

Inmensa

Es tan inmensa como el propio mar.
Fuerte que no se rompe ante nadie.
Su amor es el oxígeno de su corazón.
Ella es como un relámpago por donde va deslumbra.
Es pura como la lluvia su presencia purifica el alma.
A ella no podrás manejar su libertad la hace indomable.
Es cariñosa como una niña sin esperar nada.
Su bella figura es una obra de arte de DIOS.
Ni siquiera la vida le ha robado su sonrisa.
Infranqueable no cree palabras sino en hechos.
Llena de cicatrices pero con el alma dispuesta siempre a amar.
Arrasa con su capricho pero así la amaras.
Su presencia te llenará de alegría de por vida.
Amala con sus hermosos defectos que la hace sin igual.
Su pasión desbordara tu vida de una manera indescriptible.
Es una exitosa que donde pasa deja huellas.
Camina sensual que te dejará anonado.
En este mundo no hay como tú.
Tanta belleza y pureza que no parece digna de esta tierra.

Tu dulzura y ternura es un regalo que lo guardo en mi alma.

Dueña de mi Ser

Alma pura que engalana los días.
Un ser puro lleno de amor y bondad.
Hermosura que no se cambia ni se perpleja.
La envidia de las rosas eres pues eres perfumada y delicada.
El tiempo la hizo más fuerte y sin rencores.
No guarda dolor sólo mucho amor que irradia en sus ojos.
Una pasión desbordante de unos labios encarnecidos que enamora.
No sólo posee belleza física, es un reflejo digno de la compasión.
Eres maravillosa que no se entrega sin luchar.
Valiente con el poder de ser lo que desee.
Ha dejado las lágrimas por un cariño que nace de sí misma.
Esa sonrisa definitiva fue saber que hay un paraíso.
No existiría nada más bello que tú eres el regalo de DIOS.
Da amor sin importar ni pedir nada a cambio.
Irradia ternura como una niña tan inocente.
Los poemas son la inspiración que despiertas.
Como no admirarte sin con sola presencia enamoras.
Das vida sin importar lo que digan.
Proteges con tu ser lo fuese.

Abrazos al Alma

A pesar de la vida sales siempre con una sonrisa. Mujer eres lo más transparente y hermoso que puede existir.

Belleza Divina

Con una ternura sin igual roba tu corazón.
Se apodera de la razón con su sencillez.
Acaricia el alma con cada palabra.
No mira el pasado el Amor la ha sanado.
Es sincera que no busca agradar.
Su belleza se cuela en el alma.
Divina que con su presencia ilumina.
Me has robado la razón con tu mirada.
Es tan dulce que no le puedas decir que no a lo que pudiese.
Supera las expectativas pues como ella no hay otra.
Lo que desee lo obtiene con esfuerzo y amor.
Es libre como un ave pues se ama lo suficiente como para mendigarle amor a nadie.
Sueña con un caballero que la cuide y la comprenda.
AMA con el alma de una entregada.
Serás bendito si puedes besarla.
Muchos la pretenden pero ninguno ama su magnificencia.
Ella es hermosa por dentro y merecen que se la amé por eso.
Atraviesa tu vida como un huracán arrastrando todo.
Más si la enamoras tendrás una dama fina.
Pero toda una fiera a la hora de que sea tuya en alma y cuerpo.

Adórala siempre ella merece que la esperes si hace falta una vida.

Mujer Inspiración de mi Ser

Nada más bello y perfecto que tú.

Hermosa desde los cabellos hasta los pies.

Abrazos al Alma

Ojos brillantes que irradian amor.
Basta sola una mirada para reconfortarnos.
Vuestro cuerpo territorio sagrado donde yace la pasión.
Agradeced al Creador por creación tan perfecta.
Esos labios rojos que pueden robar la razón.
Su sola presencia ya sana las heridas con ternura impensada.
Como no adorarla si ama con el alma sin reparos.
Su bella cabellera es tan suave y delicada las rosas.
Ella es la envidia de las flores pues tan hermosa y brillante.
Encarnación del amor y la compasión como tú no hay en el mundo.
Solo poemas y rimas no bastan para amarte.
Amo tu cuerpo pues da refugio a un corazón tan puro.
Cuando tu mirada se clava en mis pupilas se torna poesía.
Eres la rúbrica de Dios donde pinta los paisajes de la tierra.
Escribiré en el cielo tinta de sol un te amo así nunca se apagara y todos la verán.

Encarnación del Amor

La mujer es como un poema cautivante por donde la veas.
Es como la prosa misteriosa pero hermosa.
Vuestro nombre ya en este mundo es sinónimo de amor.
Que Creador tan generoso al esculpirte tan perfecta y delicada como las flores.
Pura, inmensa y llena de gracia como tú nunca habrá.
Tu belleza no es visible a los ojos pues se ocultan en el alma.
Adorarte y valorarte porque tú eres arte.
Arte magnifico que al tocar llena el ser.
Mereces que el amor te magnifique.
Encarnación de la pasión tú robas suspiros.
En esos ojos se ven un corazón tierno.
Ni miles de poemas alcanzaran para apreciar tu sencillez y gentileza.
Soñarte es como tocar el cielo y sentir el sol entre los dedos.
Basta mirarte para saber que eres lo más hermoso de este planeta.
Como no llenarte de detalles, darte atención y amor si eres toda una inspiración.
Para ti todo el año es primavera floreces y rejuveneces día a día.
Eres ese sol que brilla aun en día de lluvia.

Abrazos al Alma

Estrella resplandeciente que ilumina la noche oscura.
Te llenas de amor el ser sin poseer.

Que regalo perfecto de Dios el poder admirarte.

Eres esa obra que siempre soñe poder recitar en un poema.

Amada Libertad

Amala con Libertad.

Vuela a su lado o déjala libre.
Dale tus alas para que vuele pues no nació para no ser libre.
Adórala en su rareza porque ella es única.
Imperfecta como ninguna.
No hay herida que no pueda sanar su amor.
Es tan tierna que te robara la razón.
No hay pasado para ella pues todo paso sin quedar nada.
Es independiente lo que desee por si sola lo busca.
Tanta ternura tiene que no podrás dejar de pensarla.
Bienaventurado si tocas su corazón.
Los detalles simples llegan a su alma.
Su mirada es tan sensual que roba suspiros.
Arrasara como un Huracán en tus días.
No es para cualquiera pues es una dama inalcanzable.
Si la tocas te quemaras es fuego puro.
Mujer eres tan bella y sensual que no hay poesía que te pueda describir.
Tus manías se vuelven tan mías.
Tu voz sensual me derrite.
Como no despertaras curiosidad si eres tan especial.
Conquistarte es algo no todos pueden.

Niña Adorada

Ella ama sin medidas.
Es cariñosa como ninguna.
Adorable y tierna pero no con cualquiera.
Denota pasión en unos ojos que brotan fuego.
Arrasa tu vida con una ternura.
Amándola con detalles es lo que debes hacer.
No la tendrá cualquiera es una dama que no nació para todos.
Adora la soledad pues la extrañeza de su ser es magnífica.
Romántica que ama con el alma.
Malcriada pero única en la vida.
Apasionada que tenerla es el paraíso en llamas.
Domina tus sentidos con su belleza.
Brilla como el sol sin apagar a los demás.
La maldad nunca brotara en su persona.
Es un huracán que te dará mil vueltas si aparece en tus días.
La debes enamorar segundo a segundo.
Cuídala y amala con detalles.
Delicada como los girasoles que adornan el planeta.
Sensual sin tener que ser atrevida.
Perversa pero si la tienes no dejarás de buscarla.
No puedes no admirarla pues es tan hermosa como una obra de arte.

Abrazos al Alma

Cuida tu corazón que si las ves ella te la robara.
Una mujer como tú jamás volveré a hallar.
Eres un diamante brillante pero tentador y adictivo.

Mi Diosa

Me he vuelto poeta para admirarte.
Para que el mundo conozca mi amor.
En las mañanas al despertar sonrió porque existes.
Por las noches eres mi anhelo que se apodera de mis sueños.
Rejuvenece como las flores en primavera cada día este sentir.
Eres mi Dios y mi Cruz.
Quien me da vida y me la saca.
Tu sonrisa es la luz de mi oscuridad.
La maravilla de tus ojos salva mi agonía.
Tus palabras son bálsamo para mi alma enamorada.
Te quiero feliz siempre conmigo o sin mí.
Más sin tenerte te adoro más.
En el silencio cierro los ojos viéndote así tan hermosa como esa noche de invierno.
No importa donde estés el sueño aún no ha acabado.
Alma mía amo tu libertad deseo volar a tu lado allá donde no hay maldad.
En ese mundo que los dos conocemos y por eso sabemos que ahí iremos.
Un lugar donde el Amor revitaliza las almas.
Mientras te cuidaré con mi vida.
Velando por ti en las noches.

Abrazos al Alma

Siendo tú sombra en cada paso.
Tu corazón estará salvo por este Amor que no conoce de reparos.

Hallarte fue como un rayo de luz en esa oscuridad agobiante.

Vivirían miles de vida para amarte con el alma.

Figura Inquietante

Me desconcentras invades mi mente.
Robando mí espacio haciéndolo tuyo.
Como te cuelas en mi corazón.
Penetras la razón buscando respuestas.
Juegas con los pensamientos.
Atrevida pero consentida amas sin medidas.
Tórnate realidad con vuestra seducción implacable.
Enseña el concepto del erotismo prohibido.
Atraviésate hasta en mis huesos como una droga.
Revitaliza la pasión que parece dormida.
Hagámonos presos de la sexualidad.
La piel será el lienzo que plasme la poesía que toma el control.
Revísteme en tus dulces besos.
Asume el mandato de mi ser.
Aquiétame en cada caricia.
La escultura de tu figura inquieta mis manos.
Como un huracán atravieso apoderándome de todo.
Tú das vida al romántico que te sueña.

Tus Ojos

Esos ojos son mi perdición.
Tu mirada ha enamorado mi alma.
Oír tus palabras es sinfonía para mis sentidos.
Las esperanzas crecen con tu presencia.
Denotas una ternura jamás pensada.
Mi sueño se torna real desde que te vi.
Como olvidar esa sonrisa que me robó el corazón.
Si eres lo que más amo en este mundo.
Bella eres porque tu pureza encanta mi alma.
No hay poema que alcance para demostrarte cuanto te amo.
A tu lado deseo vivir mis años.
Te adoro así libre como un ave.
Quiero regalarte fantasías y sueños que sean realidad.
Haremos la pasión como alimento de nuestro amor.
Que esta fantasía sea una bella realidad.
Este cariño nunca se irá.

Mi Luz

En los momentos oscuros tú eres mi luz.
En la debilidad me fortaleces.
Tu dulzura es la medicina que sana mis heridas.
Como devolviste el brillo a mis ojos que andaban apagados.
Cada segundo a tu lado es paradisíaco.
La esencia de mis poemas eres.
Musa hermosa das vida a mis rimas.
La maravilla amo es tu preciosa sonrisa.
Esos ojos negros que son el destierro a mi dolor.
Nunca podría aprender a vivir sin tu presencia.
Dejaría todo porque mis poemas acaricien tu alma.
Sonríes y mi mundo se torna brillante.
Quiero contemplarte y admirarte por siempre.
Tomarte de la mano y cuidar tu ser.
Ya quererte se torna pequeño...
Cada detalle es una muestra de mi amor por ti.

Amarte siempre por sobre todo dueña de mi ser.

Tus Dulces Labios

Tus labios son el elixir de pasión.
Vuestro cuerpo templo de la perfección.
Esos besos apasionados son mi perdición.
Tú majestuosa obra del Creador.
Tentación hecha con mágica seducción.
No queda opción más imaginar tú pasión inunda el corazón.
Si con una sonrisa volteas mi vida entera.
Pero en ojos hallé el destierro al dolor.
Tu presencia en mi vida es el despertar día a día.
Nunca quise tanto a alguien en mi vida.
Jamás soñé con querer tanto como a mi filosofía.
Pero tú te volviste mi sol en tanto frío.
Esta llama arde como el primer día.
Por ti volví a dejar latir el corazón.
Tanta fantasía que se hizo realidad.
Quisiera quererte menos pero cuando se quiere con el alma se torna indescriptible.
El que busca halla lo que desee.
Otra como tú nunca habrá.
Permitidme admirarte día y noche.
Que tal vez no merecía pero me salvaste.

Paraíso

Existe el paraíso lo hallé en ti mujer.
Me perdería mil veces en esa mirada.
Haces que mi vida encuentre el sentido.
Devolviste el brillo a mis ojos tristes.
Que la vida me alcancé para adorarte.
Porque amarte se ha vuelve pequeño ante lo que siento.
La razón de mi ser dueña de mis poesías.
Alma mía cautivas mi vida con tu sonrisa.
Tu voz es melodía angelical a mis sentidos.
Mi manera de amar es cuidando tu alma en tus noches en vela.
Rogar al creador que te guardé siempre.
No hay nada tan hermoso como tú mi musa.
Que el mundo se detenga que mi amor por ti crece.
Regálame tu presencia un instante.
Eso basta Para ser feliz siglo a siglo
Para amarte no necesito tenerte.
Te adoro con el solo hecho de saber que existes.

Mi Sueño

Como no quererte si vengo soñándote por años.
Respirando en el frío aguardando el momento.
Tu llegada sanó mis llagas.
Me diste la libertad que anhelaba.
Sonreíste y se volvió todo en colores.
Acariciaste mi alma como nunca nadie lo pudo lograr.
Hiciste que sea una persona de bien.
Temía a la oscuridad y tú viniste a brillar.
Mi alma hoy te aclama mi amada.
La vida me premio con tu presencia.
Con solo saber que existes respiro.
Me llevo el mundo por delante por protegerte.
Rezo día y noche por que el Creador te llené de amor.
Cuando te falte el aliento te daré mi respiración.
Si el mundo se derrumba lo sostendré sobre mí.
Aunque el tiempo pasé siempre te querré.
Cuando sientas flaqueza te daré mi fuerza.
Cada línea de esta rima es tuya.
Son sentimientos que has despertado en mi corazón.
En un beso de tus labios conocí el placer.
Un abrazo tuyo me dio una vida nueva.
Nunca te dejaría ni en otra vida.
Eres lo más hermoso que contemplé.
La luz que irradias me cautiva.
Sentir tu piel sería un delirio.
Me faltan las palabras para aclamar cuanto te amaré.
Serás la primera, la última y la única.

Mi Ángel

En las noches habitas mi mente.
Durante el día te marchas dejando tus marcas en mi piel.
Haces que aluciné tenerte.
Soñándote en cada verso con poder amarte.
Has dado vida al poeta.
Cada verso es una palabra de mi alma.
Te amo en secreto esperando corresponderte.
Quererte es un placer inexplicable.
Si antes de verte ya estaba adorándote.
Mis versos fueron diseñados en tu belleza.
Divina que te esperaba noche y día.
Tu piel es el lienzo mi sangre la letra que lo plasma.
Verso a verso acarició tu corazón.
El tiempo que fuese necesario te esperaré.
En ti hallé el placer de amar sin medidas.
Me has enseñado que el amor todo lo puede.
Tu sonrisa hermosa me sana las heridas.
Tanta simpleza que es perfecta.
Una belleza envidiada por las rosas.
Amo todo lo que ames adorando todo lo que es tuyo.
En mi fría habitación escribo poemas que acaricien tu ser.
Dando vida a un sentimiento único y perpetuo.
Alejas la agonía con tu presencia divina.
Alma mía te amo en secreto aunque deseo gritarlo al silencio.
Me haces un humano perfecto a tu lado.
Mi ángel de tu mano llegó al paraíso.
Tan bien me hace saber que existes.

Eterna

Adónde vas ahí estaré.
La luna esconde tu mirada y lucho por conquistarla.
Tu nombre en el silencio gritare.
No me asusta amarte hasta ponerme viejo.
Una plegaria por ti y por mí.
Cargando mi Cruz que es amarte aunque no pueda tenerte.
Que sabrán del Amor si no han puesto su vida en peligro por una persona.
Tus ojos maravillosos me robaron la ilusión.
En un abrazo me devolviste la esperanza.
Contigo a mi lado no necesito nada.
Eres el aire que puedo respirar.
El agua que sacia mi sed.
No basta un poema para expresar lo que mi corazón declama.
Adorarte se tornó pequeño.
Cuantas rimas das vida día a día.
El día que mi vida se apague tú seguirás eterna.
Sabrá el mundo que te amé y que eso sigue aquí y en otra vida.
Por ti esperaría el tiempo necesario.
Esperarte es tan bello como ver cada amanecer.

Morir de Amor

Como no quererte sí te miro y tiemblo.
Me gana tu querer cuando me miras a los ojos.
Mi ser se estremece tenuemente.
Asombrados mis ojos al ver esa luz preciosa de tu presencia.
Para mi es imposible luchar contra quien se cuela en mi alma.
Que digan lo que quisiesen yo por hago lo que fuese.
En mis días oscuros estuviste y en los de sol brillaste como un diamante.
Me hablaron de las maravillas de la tierra yo les dije que tu sonrisa es la octava maravilla del planeta.
No existe distancia porque está conexión es de corazón a corazón.
Si este mundo no lo permite te amaré después de la vida.
Como Te digo que muero de amor cuando me miras a los ojos.
Mi mundo se detiene cuando suspiras.
Que privilegiado quien se lleve de tu amor.
Puedo cruzar el mismo infierno pero no puedo dejarte.
Perdóname pero te amo por lo que eres.
Sólo tu presencia me llena de amor.
Contigo vuelvo a creer en el amor
Que me alcance los años para demostrarte.

Pureza

Su ser es puro y no conoce de rencores.

Disfruta la vida pues su amor propio lo engalana día a día.
No la compares pues no hallarás nunca nada igual.
Detener su vuelo jamás porque ella nació para volar sola.
Ama de una manera que nunca entenderás.
Es tan brillante como una estrella inalcanzable.
Con sus defectos que son para mantenerlos pues lo hacen perfecto.
Dichoso quien conquiste su corazón.
La sociedad la hizo fría.
Huyendo de los dolores para no dañar a otros.
Conquistando con su sonrisa y su dulce voz.
Dejará huellas en tu vida pues su presencia deleita.
Su palabra es suave y tierna.
Es salvaje y sensual como no imaginas.
Ella es independiente disfruta su soledad.
Si te regala tiempo valora pues no nació para complacer a los demás.
Hallarte es impactante.
Más una poesía podría acariciar tiernamente vuestra alma.

Amarte

Amala en su libertad.

Abrazos al Alma

Vuela a su lado o déjala libre.
Dale tus alas para que vuele pues no nació para no ser libre.
Adórala en su rareza porque ella es única.
Imperfecta como ninguna.
No hay herida que no pueda sanar su amor.
Es tan tierna que te robara la razón.
No hay pasado para ella pues todo paso sin quedar nada.
Es independiente lo que desee por si sola lo busca.
Tanta ternura tiene que no podrás dejar de pensarla.
Bienaventurado si tocas su corazón.
Los detalles simples llegan a su alma.
Su mirada es tan sensual que roba suspiros.
Arrasara como un Huracán en tus días.
No es para cualquiera pues es una dama inalcanzable.
Si la tocas te quemaras es fuego puro.
Mujer eres tan bella y sensual que no hay poesía que te pueda describir.
Tus manías se vuelven tan mías.
Tu voz sensual me derrite.
Como no despertaras curiosidad si eres tan especial.
Conquistarte es algo no todos pueden.
Si pudiera bajar las estrellas a tus pies sin pensar lo haría.
Que me alcance la vida para amarte sin medidas.

Mi Necesidad

Eres lo que siempre necesité.
La fuerza que me da vida.
Una espera que valió la pena.

Abrazos al Alma

Que sería de mí ser sin ti mujer.
Más que un Simple amor eres una bendición.
El dolor del pasado sanado con tus abrazos.
Sonrisas sin fin cada vez que te llegar.
Sólo rezo por tener aquí corazón a corazón.
El mundo sonríe feliz con mis ganas de amarte.
Sueña con cada rima que inspiras.
Amarte se volvió indescriptible.
Más adorarte es mi religión.
El tiempo se torna corto para este querer.
Dueña de mis poemas y fantasías.
Un libro es poco para decirte cuanto te amo.
Sanare tus dolores y los haré bendiciones.
Contigo conozco el paraíso.
Ese ángel que día a día me razones de seguir.
Te has vuelto la razón de mi ser.
Sin ti no sería el poeta que diste vida.
Mi amor por ti no tiene fecha de vencimiento.

Corazón Maravilloso

Amala sin muchas preguntas.
Pisando fuerza dejando huellas en el camino.

Abrazos al Alma

No podrás sacarla así porque Si de su corazón.
En su vida el Amor fluye por su ser.
Vive la vida sin mirar la de los demás.
Ante todo siempre regala una sonrisa.
No piensa en el mañana ni el ayer vive el como si fuese el último.
Sueña con ese héroe que marque su vida.
Arrasa como un tornado con belleza innata.
Acaricia su alma con detalles que eso ella adora.
Merece todo pues ella es fiel por siempre.
Amala libre y con ganas de su libertad sea eterna.
Sus ojos irradian un corazón maravilloso.
Su ternura supera cualquier duda.
Ella con su amor ablanda hasta el corazón más duro.
Como explicar que su sonrisa cautiva.
Con su caminar te robara suspiros.
No luches porque no podrás no enamorarte.
Cuídala y valórala como ella nunca habrá otra.

Alma Libre

Brilla sin apagar a los demás.

Abrazos al Alma

Su apariencia es sincera y sin pena.
Ha borrado el dolor con el Amor de su alma.
Ilumina donde vaya con su sonrisa.
Le basta una mirada para hechizarte.
La ternura que posee es la de una niña.
Así malcriada la amaras pues su esencia hace
que no le puedas decir no a nada.
En sus ojos verás el placer de que te amen.
Su alma libre vuela como las aves.
Como no adorarla si es puro amor y del bueno.
A pesar de la vida ella da todo sin mirar atrás.
No mira las apariencias le enamoran la atención.
Los detalles hacen que crea en el afecto sincero.
Un te quiero la inunda de felicidad.
Sus manos son suaves como las nubes.
Mi infierno se vuelve paraíso con su presencia.
Las rosas la envidian al verla pues es tan
hermosa.
Reflejo de humildad en sus palabras.
Pasión desbordante con esa voz excitante.
Lucha por conquistarla es diferente a las demás.
No desea lujos pues lo que desee ella misma lo
busca.
Sueña con un amor que le llene la vida cada
instante.
Si les contará que su sonrisa es más perfecta
que la monalisa.
Quedaría corto diciéndole que su hermosura no
es de este planeta.
Nacida salvaje pero amorosa con la que ella
desea.

Presencia Divina

Nada más bello y perfecto que tú.

Abrazos al Alma

Hermosa desde los cabellos hasta los pies.
Ojos brillantes que irradian amor.
Basta sola una mirada para reconfortarnos.
Vuestro cuerpo territorio sagrado donde yace la pasión.
Agradeced al Creador por creación tan perfecta.
Esos labios rojos que pueden robar la razón.
Su sola presencia ya sana las heridas con ternura impensada.
Como no adorarla si ama con el alma sin reparos.
Su bella cabellera es tan suave y delicada las rosas.
Ella es la envidia de las flores pues tan hermosa y brillante.
Encarnación del amor y la compasión como tú no hay en el mundo.
Solo poemas y rimas no bastan para amarte.
Amo tu cuerpo pues da refugio a un corazón tan puro.
Cuando tu mirada se clava en mis pupilas se torna poesía.
Eres la rúbrica de Dios donde pinta los paisajes de la tierra.
Escribiré en el cielo tinta de sol un te amo así nunca se apagara y todos la verán

Sincera Belleza

Con una ternura sin igual roba tu corazón.
Se apodera de la razón con su sencillez.
Acaricia el alma con cada palabra.
No mira el pasado el Amor la ha sanado.
Es sincera que no busca agradar.
Su belleza se cuela en el alma.
Divina que con su presencia ilumina.
Me has robado la razón con tu mirada.
Es tan dulce que no le puedas decir que no a lo que pudiese.
Supera las expectativas pues como ella no hay otra.
Lo que desee lo obtiene con esfuerzo y amor.
Es libre como un ave pues se ama lo suficiente como para mendigarle amor a nadie.
Sueña con un caballero que la cuide y la comprenda.
AMA con el alma de una entregada.
Serás bendito si puedes besarla.
Muchos la pretenden pero ninguno ama su magnificencia.
Ella es hermosa por dentro y merecen que se la amé por eso.
Atraviesa tu vida como un huracán arrastrando todo.
Más si la enamoras tendrás una dama fina.
Pero toda una fiera a la hora de que sea tuya en alma y cuerpo.
Adórala siempre ella merece que la esperes si hace falta una vida

Tu Nombre

Es el amor el motor de mí ser.
Tu nombre es la esencia que hace latir mi corazón.
Solo deseo devolver el brillo a tus ojos.
Admirar la octava maravilla que es tu hermosa sonrisa.
Arroparme de tu perfume en un abrazo sincero.
Mi bella musa te amo con locura.
Si no existieses te inventaría.
Basta solo una mirada tuya para obtener paz.
Los días son hermosos a tu lado.
Como no creeré en el amor si tú me has dado un corazón nuevo.
Pequeña mía mientras viva mi alma te adorara.
No pasa un segundo sin que te piense y te anhele.
Te amo tanto como la tierra ama al sol.
La dueña de mis rimas.
Noche a noche rezó por verte bien siempre.
Sólo quiero ver tus sueños hechos realidad.
Porqué mi sueño se hizo real al verte.
Te protegeré siempre en donde fuese.
El amor te bendecirá hoy mañana y siempre.
Eres el ángel que me salvo.

Esperanzas

Un día cuando nada más creía.
Parecía todo perdido pero tu llegada me da esperanzas.
Había olvidado lo que es amar.
El significado del querer.
Ahora mi alma resucita recupera su esencia.
Hoy mis poemas hallan su musa.
Pensé que eso jamás llegaría pero tú existes.
Es como soñar con los ojos abiertos.
Los gustos y sueños son algo que es nuestro
Quedo sorprendido es como hallar el amor que había perdido.
Tu belleza es tal como la de una rosa
Mis ojos quedaron anonadados.
Es como cuando te enamoras pero no sabes el porqué.
Mi poesía nunca podrá igualar tu hermosura.
Esa esencia perfecta y dulce que irradias.
Tu bella sonrisa es un regalo de la vida.
No pensé que existía mi otra mitad hasta que te conocí.
Qué maravilla hallarte y que me devuelvas el brillo de querer.

Milagro de Amor

Me falta el aire al no tenerte.
Las horas se hacen largas.
Sonrió aún por el valor de tu amor.
En cada paso vienes a mi mente.
No puedo explicar cómo te conviertes en mi mundo.
La luna llena oye mis plegarias.
Como no amar a quién plasmado en un libro.
Derrochando pasión en cada verso.
Amarte se torna inexplicable.
Revives y te enalteces en cada poema.
Escapando de la soledad en cada promesa.
Revolviendo las heridas en un infierno.
Más Cada día mi alma más te aclama.
Buscándote y creándote en prosas.
Intoxicado y desenfrenado en un amor.
En cada poema llega el amor que te pertenece al universo.
Milagro que dio vida a un soñador.
Eres mi credo te veo y quedó mudo.
Hoy más que nunca le doy la palabra a mi corazón.
Vivo Amando sin reparos.
Esperando el momento justo para ser uno.

Poesía Enamorada.

Tal vez no sea amor.
Sólo sea una poesía por la cual habla el corazón.
Es una admiración muy grande hacia tu ser.
Será un simple querer pero nace del alma.
Si no niega que muere por verte aunque fuese un instante.
Busca una excusa para mirarte, oír tu bella voz y sentirte cerca.
No espera reciprocidad pero se siente a flor de piel.
Es algo tan íntimo pero se crece.
Un día sin ti se vuelve eterno más el alma quiere más.
El corazón rompe el miedo y clama su querer.
No hay nada que hacer pues eres mi bendición.
Las heridas se cierran con tu presencia.
Te quiero así imperfecta y desastrosa.
Así fría por culpa de la vida.
Sensible pero inmensa.
Eres como ninguna nunca lo fue.
Por ti invento el Amor.

Pequeño Detalle

Que predecible me hace amarte.
Aun así me encanta adorarte.
Alegras mis días con sólo verte una milésima.
Es hermoso esto que me no deseo que se acabé.
Mi corazón hallo su dueña en ti dama bella.
Valió la pena sin importar el dolor.
Hoy te amo más de lo que imaginé alguna vez.
Pequeño detalle esos ojos preciosos que me robaron la razón.
Una sonrisa encantadora que está en mi cabeza.
Te amo tanto que no precisó tenerte para amarte.
Tan única que cambio toda mi vida por un segundo a tu lado.
Donde estabas alma mía que siempre te necesité.
Aunque me cueste lucharé por tenerte.
Que increíble es el amor que me mires hace me tiemble.
No temo a nada cuando estoy contigo.
Todo se torna maravilloso a tu lado.
Nunca me sentí tan especial como me siento contigo.

Sueño

Era un sueño algo que anhelaba.
Dar vida a la musa que me daba vida.
Verso a Verso comenzó este amor.
Cómo no creer en los sueños.
No importó el tiempo.
Llegaste y asumiste el lugar que te corresponde.
Esa sonrisa era mi fortaleza en la batalla.
Nada me detenía de igual a igual luchaba está contienda.
Sanado por el poder del amor.
Ilusionado con poder testimoniar que hallé mi complemento.
Apagaste mi frío con tu llama voraz.
Por tus marcas vi que ya nos encontramos en el otro mundo.
Vayamos despacio que tenemos años para adorarnos.
Me adelanté en encontrarnos porque te vi venir.
Algo que nunca esperé amarte más allá de la razón.
Te amaré hasta que el mundo se acabé.
Aun vagando en la galaxia mi amor seguirá.
La dulzura de verte es lo que me da vida.
No importa el tiempo sólo vivo por tu amor.
Lucho contra lo que sea por vos.
Adorare tus defectos hasta hacerlos perfectos.

Más que la vida me una a ti para toda la vida.
Te amo con el alma y lo dejé plasmado en un libro.
Cada línea es palabra de mi alma enamorada.

Te Amaré

Yo te amaré como tú lo pediste.
Te adorare como ni siquiera soñaste.

Abrazos al Alma

Me desvelare anocheceres escribiéndote.
Sonreiré mirando la luna que no es tan hermosa como tú.
Suspirare aguardándote en ese café de la primera vez.
No tengo nada que perder más tu cariño lo vale todo.
Los amaneceres son preciosos al saber que tú existes.
Tu sonrisa perfecta tatuada en mi alma.
Esos ojos que dieron brillo a mi corazón.
Te amo y aunque el mundo no lo comprenda en cada rima lo sientes.
Sigo luchando en cada momento, respirando por volver a tus brazos.
Mi soledad te extraña pues la habías alejado.
Si soy poeta es porque tú eres mi musa.
Conocí el amor al besar tus labios y dejarte tocar mi corazón.
Si imaginas cuanto te amo puedo replicar que es más de lo que piensas.
Te deseo feliz siempre radiante y divina como te conocí.
Que la vida me regale aún años para volverte a ver.
Nunca faltes a mis días luz de mi vida.

Amor Del Bueno

Fue algo que nunca soñe.

Tan Hermosa realidad de sentir esa paz que me da tu Mirada.

Abrazos al Alma

Que magia indescriptible la de cerrar los ojos y besarte.

Sentía que podía tocar el cielo con las manos.

Mi alma había sido sanada eras el ángel que vino a salvar mi ser.

No podría olvidar jamás como cerrando los ojos en un beso nuestras flotaban libres.

En ese acto hermoso sanaste mi corazón que deseaba volver a vivir.

Tomaste mi mano y alejaste los daños del pasado.

Me sonreíste y dijiste no importa nada estoy aquí porque me importas.

Así el Amor renacía en mí ser como una flor que florece en primavera.

Nunca se borrará ese día donde la paz regreso y abrazo a mi alma.

Donde mi sonrisa se dibujó donde mis ojos recuperaron ese brillo que parecía apagado.

Ese corazón frío le diste calor para que regrese.

Valió la espera, las noches oscuras en vela aguardando a la musa.

Si esa mujer que merecía miles de poemas porque devolvió la esencia al poeta.

Porque la dejo ser como desea cuidando el mínimo detalle por ver sonreír a su musa.

El mismo que la sorprende siempre con un detalle y que hace todo por verla feliz.

Quererte es para siempre.

Mi ángel te adoraré aquí y en otra vida

Tus Abrazos

Al calor de tus brazos Sana mi alma herida.

Uniéndose cada parte Rota en un bello querer.

Abrazos al Alma

El poder del amor penetrando mi ser.
Cicatrizando el corazón con un dulce amor.

Tan bello y perfecto como una fantasía.

Sincera que aleja de la agonía.

Tu sonrisa es la maravilla más bella que vi en mi vida.

Ojos preciosos que reavivaron mi ilusión.

Las noches se hacen tan bellas cuando habitas mis sueños.

Brillante como estrella iluminada mi vida.

Explicar sería imposible porqué el alma sólo sabe amar.

Esperanzas intactas a tu llegada.

Háblame de tus miedos que yo te protegeré.

Temor no por favor que aquí o en otro mundo yo te cuido.

Sólo mi cariño es para ti hasta volvernos viejos.

Amando más allá de la razón.

Tu belleza es tan plena que eclipsa al sol.

Doy todo por vos y fijarme de nuevo en esos ojos.

Abrazos al Alma

Pasarán horas más nunca dejaré de soñar.

Enamorarse hace que uno vea lo bello de vivir.

Sonrió porque cada día es un nuevo despertar
para amarte sin reparos.

Consumó infiernos aguardando un abrazo tuyo
que me llevé al paraíso.

www.ingramcontent.com/pod-product-compliance
Lightning Source LLC
LaVergne TN
LVHW041000150826
845672LV00002B/799

* 9 7 9 8 3 6 2 9 6 0 3 6 0 *